着飾る
刺繡
ジュエリー

SWIMAYA
スウィマヤ

片岡 彩

文化出版局

Haute Couture（オートクチュール）刺繍の

美しさ、力強さ、煌めきは

その精密さや、素材の美が軸となり支えています。

ひと針ひと針丁寧に作り上げ形にしていくこの刺繍は

決して簡単に作れないからこそ生まれる作品の深み、

費やした時間への愛着が形となり、より一層輝きを増します。

この刺繍ジュエリーを着飾ることで、自信が増し、

みなさまを後押しするような作品となればうれしいです。

贅沢な刺繍時間をお楽しみください。

Contents

Tige

バレッタ p.50

竹ビーズの煌めきを生かしたバ
レッタは、細いフォルムがシック
さをより際立たせてくれます。

Horizon

フープピアス p.52

表裏すべてがビーズの贅沢なピアス。地平線に沈む夕陽をイメージしたデザインです。

Full moon

ポニーフック p.54
ブローチ p.56

7〜8種類のビーズやスパンコー
ルが入り混じった贅沢な作品。
ツイードのような複雑な表情が美
しい。

Déchiquetés

ブローチ p.57

クールで個性が光るブローチ群。
単体でも、たくさん組み合わせて
身につけても楽しめます。

L'oiseau

ブローチ p.62

パールと様々な種類のビーズをバ
ランスよく配置した鳥モチーフ。
ワイヤーを生かして立体感のあ
る作品に。

Modèle

コンパクトミラー p.60

でき上がるまでの過程も美しい、
デザインされた配置にビーズを刺
し進む楽しみ。

Le soleil et la lune

コンパクトミラー　p.64

太陽と月をモチーフに大小のビーズを刺し埋める作品は、どこか中世のモザイクタイルを思わせます。

Étoile

ブローチ p.63

深みのある輝きが美しい特
小ビーズの星ブローチ。

Lune

ブローチ p.66

細い三日月が愛らしいブ
ローチ。縁のパールビーズ
がより愛らしさを引き立て
ます。

Rayures de couleurs

リング　p.67、バングル　p.68

シックでまとまりのあるゴールドのストライ
プと、個性が光るシルバーのストライプ。

Bijoux

宝石をイメージしたデザイン。どの色合いもシックで美しい。小ぶりながら、ビーズの煌（きら）めきが堪能できる作品です。

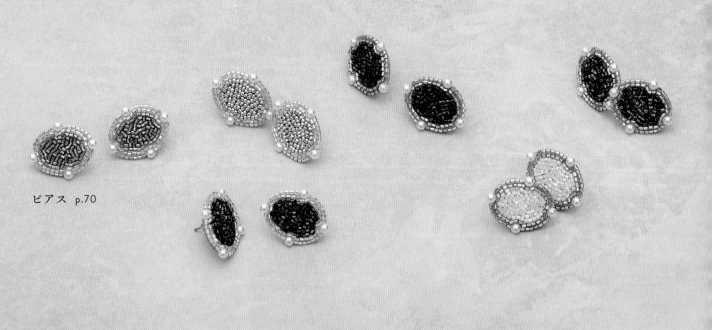

ピアス p.70

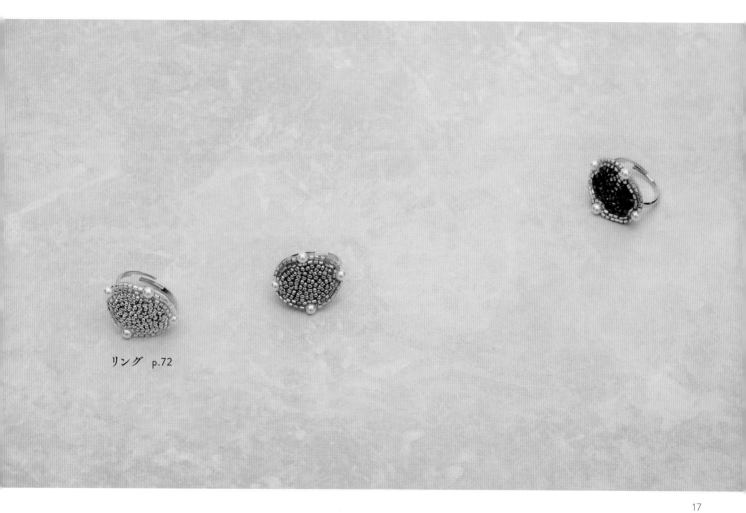

リング p.72

L'anneau perles
ピアス p.74、ネックレス p.75

シルバー1色の中に形の違うビーズをちりばめることで、煌めきが増します。パールの立体感と重厚感を加えた、刺繍ジュエリー。

Heart

キーホルダー　p.76

刺繍枠もオーガンジーも使わずに
作れるハートのキーホルダー。個
性が光る色合いや、ビーズのコロ
コロ感など、触って、使って、見
て楽しめるアイテムです。

Quatre perles
イアリング p.78

大振りパールと特小ビーズのみで
作り出すイアリングは、愛らしい
フォルムと色彩が美しい。

Gold
ポニーフック p.82

ゴールドのみでまとめたシンプ
ルな作品。少し膨らみを持たせ、
ビーズの立体感が際立つシックな
ヘアアクセサリーです。

Boucle d'or

ピアス　p.84

フープ型にすることで、ビーズの煌めきと立体感がより際立つ作品。ゴールドのみでまとめたピアスは、どんな場面にも合います。

Egypte

ピアス p.79、ネックレス p.80

アースカラーを使い、自然の力強さを表現。小さな面積に大きめのビーズやパーツを並べたデザインが光ります。

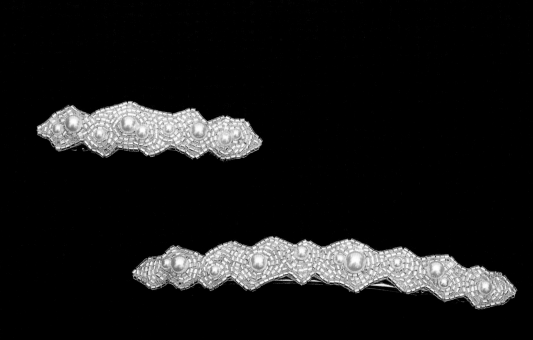

Crack perles
バレッタ p.86

広がる波紋のようにシルバービーズとパール
を配置し、シンプルな材料で深みのある世界
を描きます。個性的なフォルムですが、シッ
クな場面にも合うバレッタです。

A

B

C

D

E

F

G

H

I

J

A　ビーズ［MIYUKI］

ガラス製のビーズを使用。丸大・丸小・丸特小ビーズ、竹ビーズ、六角特小ビーズなど。

B　スパンコール［MIYUKI］

本書では長方形タイプを使用。

C　パール

ホワイトカラーの樹脂パールや、メタリックカラーのもの、淡水パールなど。大きめのパーツなので2回針を通してしっかりととめる。

D　ジュエリーワイヤー　#28［MIYUKI］

しっかりとした輪郭を描くために使用。複雑な形や細い部分もかちっとした仕上りに。H6272／#20P（ゴールド）と／#8P（シルバー）を使用。

E　糸／メタリック　1号［FUJIX］

メタリックミシン糸。本書のすべての作品で使用。

F　糸／シャッペスパン　#90［FUJIX］

ミシン糸。メタリック糸ではなじまないときに、ビーズの色に合わせて選ぶ。

G　オーガンジー

すべて白を使用。大きさは、作品ではなく刺繍枠のサイズに合わせて用意する。本書ではシルクオーガンジーを使用。

H　裏布［MIYUKI］

アクセサリーの裏に貼る布。本書では「ビーズ刺しゅう裏布セット（HC200）」を使用。同梱のプラ板は使わず、布のみを使用。キーホルダー（p.20）では作品の表でも使用。

I　フェルト

厚みを出すときに使う。1mm厚のものを使用。シルバーベースの作品には白、ゴールドベースの作品にはベージュがおすすめ。

J　アクセサリー金具

p.42〜44参照。アクセサリーパーツ店で購入可能。

メタリックミシン糸はやや硬さがあるため、初心者のかたはポリエステル製のシャッペスパン#90のほうが刺しやすいことも。ゴールド→ベージュ、シルバー→薄グレーで代用可能。

材料メーカー

MIYUKI（ミユキ）

ガラスビーズやそのほか
オートクチュール刺繍材料など。
東京浅草橋には直営店も。
広島県福山市御幸町上岩成749
https://www.miyuki-beads.co.jp

FUJIX（フジックス）

縫い糸メーカー。
各地の手芸店や
オンラインショップで広く購入可能。
https://www.fjx.co.jp
Instagram@fujix_info

道具

刺繍枠に関する道具

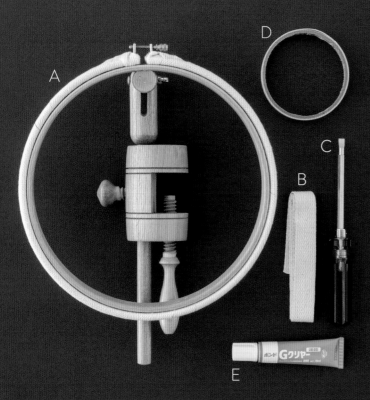

A

D

C

B

E

アクセサリー作りに必要な道具

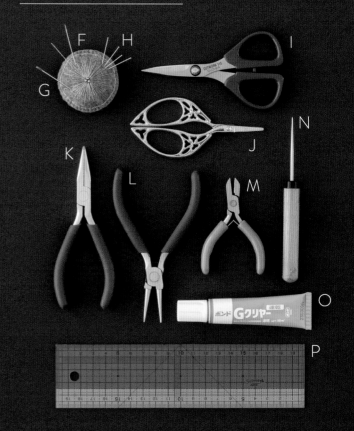

F H

G

I

N

J

K

L

M

O

P

A 刺繍枠

作品より一回り大きなものを用意。机に固定できるタイプは両手が使えて便利。p.34参照。

B 綾織りテープ

刺繍枠の外枠に巻いてすべりどめにする。

C マイナスドライバー

刺繍枠のねじをしっかりと締めるのに使用。

D 両面テープ

綾織りテープの巻き始めと終りに使用。

E 布用接着剤

綾織りテープの巻き始めと終りに使用。

F ビーズ刺繍針（細）

特小ビーズを刺せるサイズのものを用意する。

G 刺繍針（太）

金具をつけるための穴をあけるのに使う。

H シルクピン

図案を写した紙をオーガンジーに固定するときや、ワイヤーを仮どめするときに使用。

I カットワーク用はさみ

裏布やフェルトをきれいにカットするためには、先がとがったよく切れるはさみを使う。

J 糸切りばさみ

先の細いものが使いやすい。

K 平ペンチ

アクセサリー金具や丸カンの開閉に使用。

L 丸ペンチ

Tピンどめに使用。

M ニッパー

ワイヤーやTピンをカットするのに使う。

N 目打ち

刺繍した糸をほどくときなど、細かな作業に使用。

O 布用接着剤

刺繍したパーツと裏布を接着する。

P 定規

図案を写す際の直線部分に使用。

そのほか

シャープペンシル／ボールペン

オーガンジーに図案を写すときはシャープペンシルを、裏布やフェルトに型紙を写すときはボールペンを使用。

つまようじ、もしくは竹串

接着剤を塗り広げるのに使う。

基本のテクニック

※ **1〜4** は初回のみ、**5〜8** は作品を作るたびに行ないます。

刺繍枠にオーガンジーを張り、図案を写す

1 外枠のねじをはずし、4か所に両面テープを貼る。

2 枠の縁やテープの重なる部分に接着剤を塗り、綾織りテープで端を包むように巻く。

3 テープが重ならないよう、しっかりと巻きつける。

4 端は両面テープと接着剤でとめる。

5 内枠にオーガンジーをのせ、外枠を半分ほど入れる。

6 外枠のねじをドライバーで7割程度締め、そのままさらに外枠を押し込み、ねじをしっかりと締める。

7 余分なオーガンジーをカットする。

8 図案を写した紙を裏からシルクピンでとめ、手で押さえながらシャープペンシルでなぞって図案を写す。

刺し始め

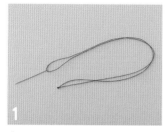

糸は60cmほどにカットし、1本を輪にして2本どりにし、端は玉結びをする。

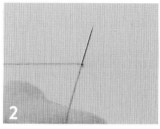

裏から表へ針を出す。

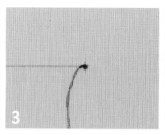

小さく1針縫い、刺し始める。

POINT

2〜3のように小さく1針縫うことを「プチポワン」という。玉結びが生地から抜けたり、刺したパーツがゆるむのを防ぐ。刺し始めだけでなく、大きなパーツを刺す前後や、裏に糸が長く渡るときにも使うテクニック。

刺し終り

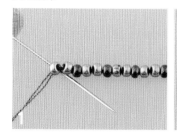

最後のビーズを刺し終えたら、ビーズで隠れる位置でプチポワンをする。

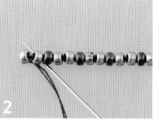

近い位置で3回プチポワンをすることで糸がとまる。

（裏）

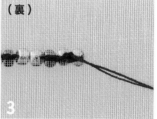

糸を裏側でカットする。玉どめはしない。

POINT

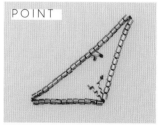

刺し始め・終りは図案の内側で行なう。

ワイヤーを入れたコーチング・ステッチ

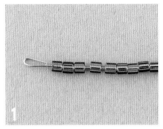

1 ワイヤーを指定の長さにカットし、ビーズが抜けないように片端を丸め、ビーズを指定の長さ分通す。

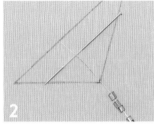

2 図案線上の刺し始め位置にワイヤーを刺し入れ、シルクピンでとめる。

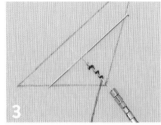

3 ワイヤーを3針縫いとめる。

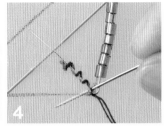

4 針を軸にワイヤーを曲げ、曲げた部分を2回縫いとめる。（曲げ方がゆるやかな図案では不要）

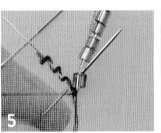

5 ビーズを1個寄せ、外から内へ小さな針目でとめる。

6 とめたところ。

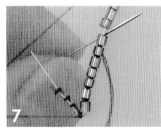

7 同様に1個ずつとめながら刺し進む。

POINT

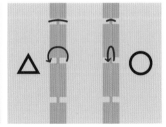

小さな針目はビーズの幅に合わせず、ワイヤーの幅で刺すとしっかりとまる。

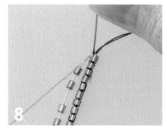

8 角まできたら、内側に針を入れ、針を軸にしてワイヤーを曲げる。

9 曲げた部分のワイヤーを2回縫いとめる。

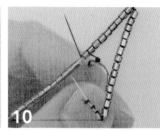

10 糸を替えるときは、図案の内側で刺し終りと刺し始めのプチボワンをする。

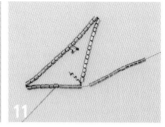

11 残り5個ほどになったら、丸めたワイヤーをカットし、不要なビーズを取り除く。

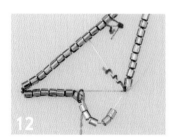

12 ワイヤー端を図案線の終りに刺し入れる。

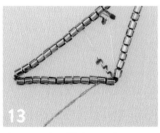

13 すべてのビーズをとめ、角はほかと同様に曲げてとめる。

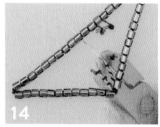

14 ワイヤーを3針縫いとめ、余分をニッパーでカットする。

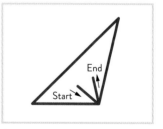

各作り方ページでは、ワイヤーの刺し始めと終りを上図のように記載。

連続刺し

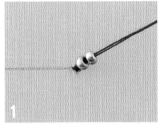

1 針を出し、ビーズ2個を通す。

2 針を入れる。

3 ビーズ1個分先から針を出す。

4 ビーズ1個を通し、1個分戻り針を入れる。

5 ビーズの際から針を出す。以降1〜5を繰り返す。

6 ビーズを刺し並べたところ。ビーズでラインを描くときに使う刺し方。

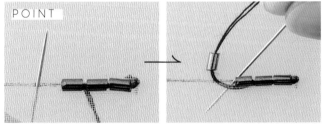

POINT

竹ビーズの場合は1個ずつ返し縫いしながら刺す。

ランダムに刺し埋める

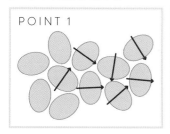

POINT 1

毎針方向を変え、ビーズがランダムな方向を向くように、1〜2個ずつ刺す。

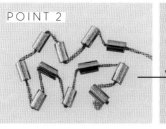

POINT 2

数種類のビーズを混ぜて刺す場合は、先に大きなビーズを散らして刺しておく。

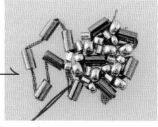

あいているすきまに、ほかのビーズをランダムに刺す。

EXAMPLE

竹ビーズを刺し並べる

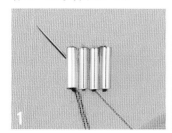

1

先に刺したビーズの際から針を出す。

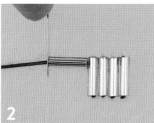

2

針でビーズを寄せて位置を確認し、針を入れる。

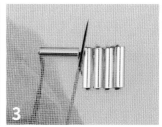

3

同様に刺し進む。

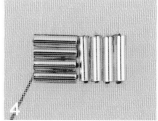

4

刺し並べたところ。

コーチング・ステッチで刺し埋める

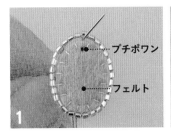

1 内側にフェルトを入れる場合は先にとめておく。針を輪郭の内側から出す。

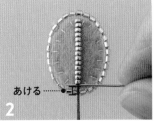

2 ビーズを必要個数通す。針でビーズを寄せ、ビーズ約1個分あく数に調整する。

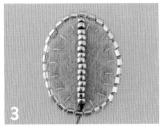

3 輪郭の内側に針を入れる。

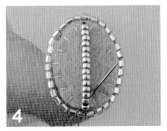

4 ビーズの際から針を出す。

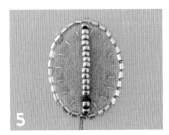

5 ビーズ2個おきに、コーチング・ステッチの要領で小さな針目でとめる。

6 1列刺したところ。とめる糸の幅で、**2**であけたビーズ1個分のすきまが埋まる。

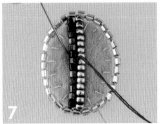

7 隣の列も同様に刺す。

8 左端まで刺し埋めたら、右側も同様に刺す。

輪郭にパールをつける

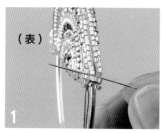

1 輪郭のビーズの内側に、裏から表へ針を出す。

2 パールを通す。

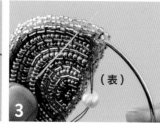

3 パールの幅分先に表から裏へ針を出す。

4 糸を引く。

5 ★側からパールに針を通す。

6 裏から表へ針を出す。

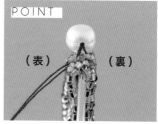

POINT

横から見たところ。表裏両側から糸が通ることで、パールが中央に立つ。

VARIATION

ブローチなど裏布を貼る作品は、オーガンジーを裏へ折り込んだあと(p.42-**3**)、裏布を貼る前につける。

アクセサリーの仕立て方

切込み

1 刺繍が終わったら、回りを0.3～0.4cm残してカットする。凹部分は切込み（──）を入れる。

（裏）

2 裏面の縁部分に竹串で接着剤を塗り、裏側へ折り込む。

3 表からオーガンジーが見えないよう折り込み、乾かす。

4 裏布の裏に刺繍パーツを置き、ペンで形を写す。

5 線の約0.1cm内側をカットする。線の上や外側を切ると大きくなってしまうので注意。

ブローチ

6 裏布に印をつけ、切込みを入れる。ブローチ金具の場合は金具の穴の外側2か所（──）。

7 切込みに金具を差し込む。ブローチ金具は先にとめ具側を入れ、あとから針側を入れる。

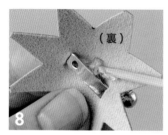

8 金具の内側に接着剤を塗る。金具と裏布を貼り合わせることで、完成後に動かなくなる。

9 刺繍パーツの裏全体に接着剤を塗る。あとからはがれないよう、端までしっかりと塗る。

10 8を合わせ、裏布をしっかりと接着させながら乾かす。

11 表から見て、はみ出した部分をカットする。

12 完成。

POINT

細い部分がある作品は、表からオーガンジーが見えないように注意。

VARIATION 1

バングルなど弧を描くものは、刺繍パーツと裏布の形が異なるため、別途掲載の型紙を使用する。

VARIATION 2

ワイヤーが入った作品は、完成後に曲げて立体感をつけることができる。

ブローチ金具以外のアクセサリー金具も、基本はp.42、43と同じように仕立てます。
裏布に切込みや穴をあける位置、とめ方が少しずつ異なります。

そのほかのアクセサリー

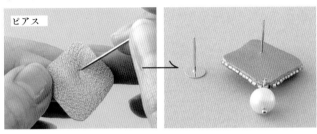

ピアス

裏布に太い針で穴をあけ、ピアス金具（丸皿）を通し、刺繍パーツを貼る。裏布と刺繍布だけでなく、裏布と金具もしっかりと接着させるのがポイント。

イアリング

金具を刺繍パーツの裏に貼り、裏布を貼る。

リング

0.3cm

中心を約0.3cm残して裏布2か所に切込みを入れる。

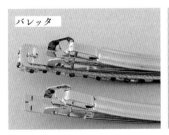

バレッタ

金具の穴を使い裏布に3方向（——）に縫いとめてから、刺繍パーツに貼る。

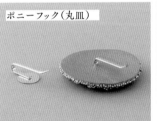

ポニーフック（丸皿）

裏布に穴をあけて金具を通し、刺繍パーツに貼る。

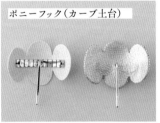

ポニーフック（カーブ土台）

刺繍パーツに金具を縫いとめ、裏布に穴をあけて貼る。

バングル

刺繍パーツに金具を縫いとめ、裏布を貼る。

本体に穴をあけて丸カンを通す

1 裏布を貼ってから、太い針で穴をあける。ワイヤーを通した輪郭の内側に針を刺す。

2 丸カンは前後にずらすように開閉し、あけた穴に通す。

ボールチップのつけ方

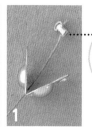

つぶし玉

ワイヤーの通し方

1 ネックレスワイヤーにボールチップとつぶし玉を通し、つぶし玉を平ペンチでつぶし、余分をカット。

2 平ペンチでボールチップを閉じる。

Tピンどめ

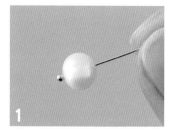

1 Tピンにパーツを通す。

2 Tピンを曲げ、0.6〜0.7cm残してカットする。

3 丸ペンチで丸める。

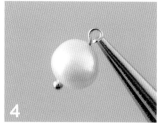

4 完成。丸カン同様に開閉する。

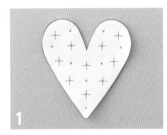

1 型紙をカットし、ビーズを刺繍する部分に穴をあける。

2 刺繍する布の裏側に置き、ペンで図案を写す。

3 輪郭線の内側をカットする。

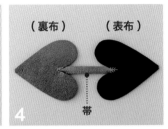

（裏布）　（表布）

帯

4 p.76を参照し、表布に刺繍をして帯、裏布と縫い合わせる。

（表）

5 2枚の間から針を出し、内側に玉結びを入れる。

（表）

6 竹ビーズを通し、表から裏へ針を出す。

7 竹ビーズに糸が出ているほうから再度針を通す。

8 裏から表へ針を出す。

9 竹ビーズに再度針を通す。

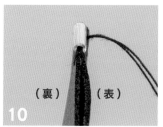

10 縁にビーズがついたところ。（裏）（表）

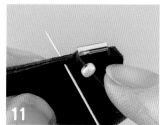

11 丸大ビーズを**6〜9**と同様に刺す。

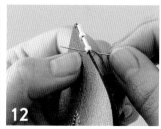

12 同様に竹ビーズと丸大ビーズを交互に刺す。

13 糸を替えるときは、裏側で玉どめをする。（裏）

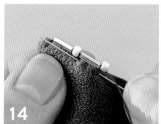

14 竹ビーズ1個分、裏布に針を通す。

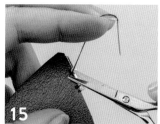

15 糸をカットする。

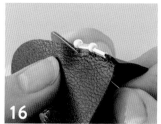

16 新しい糸は、内側から針を出し、玉結びを内側へ入れる。

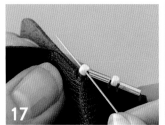

17 先に刺したビーズに針を通す。以降、**6〜9**を繰り返す。

（表）

18 帯と重なる部分は、通常ビーズを刺すのと同じように表から裏へ針を刺す。

POINT

（裏）

19 裏に渡る糸を、先に帯をとめた糸（シルバー）と平行にするときれいに仕上がる。

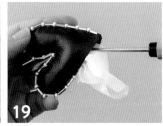

19 残り3cmほどになったら、オーガンジーの切れ端やわたを詰める。目打ちを使うとよい。

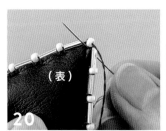

（表）

20 1周ビーズを刺し終えたところ。表へ針を出す。

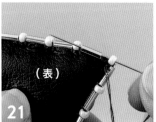

（表）

21 ビーズ2個に針を通す。

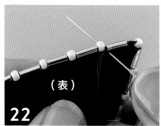

（表）

22 針を表から裏へ出す。

23 **13〜15**と同様に糸を処理する。

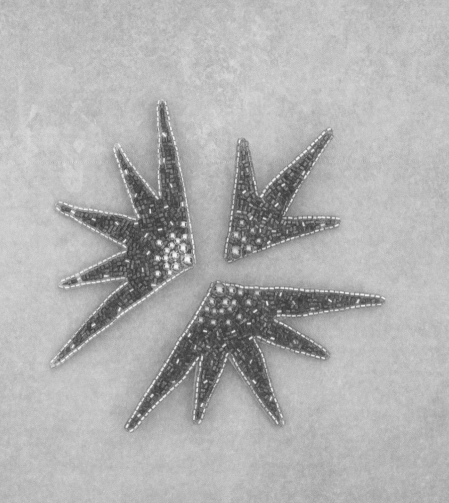

How to make

ビーズ刺繍が初めてのかたは、
以下の作品からスタートするのが
おすすめです。

gold

材料

・六角特小ビーズ／#4（金銀引）　　　　　　　約100個 [MIYUKI]
・六角特小ビーズ／#457（ブロンズ）　　　　　約50個 [MIYUKI]
・竹ビーズ／1.3 × 6 mm／SLB457（ブロンズ）　18個 [MIYUKI]
・竹ビーズ／1.7 × 6 mm／#457L（茶）　　　　20個 [MIYUKI]
・竹ビーズ／1.7 × 6 mm／#3（クリア金）　　　28個 [MIYUKI]
・バレッタ金具／100 × 6 mm（ゴールド）　　　　1個
・オーガンジー（白）
・糸／メタリック 1 号／901（ゴールド）[FUJIX]
・裏布／#2（シャンパンゴールド）[MIYUKI]

図案（実物大）

竹ビーズをこの線上に刺す。
作品の輪郭線ではないので注意

作り方

1　オーガンジーを刺繍枠に張り、図案を写す。

2　竹ビーズを図案線上に刺す（ 図 1 、p.39参照）。

3　六角特小ビーズを2の回りに連続刺し（p.38参照）で刺す 図 2 。

4　バレッタに仕立てる（p.42、44参照）。

図 1 　竹ビーズをすきまなく、右から左へ刺し並べる

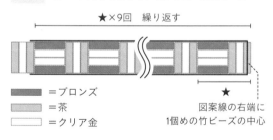

★×9回　繰り返す

■ =ブロンズ
■ =茶
□ =クリア金

★
図案線の右端に
1個めの竹ビーズの中心

図 2

この3個を繰り返す

□ =金銀引
■ =ブロンズ

silver

材料

- ・六角特小ビーズ／#3551L（クリーム）————— 約100個 [MIYUKI]
- ・六角特小ビーズ／#1（銀引）————————— 約50個 [MIYUKI]
- ・竹ビーズ／1.7×6mm／#1 S.H.（銀引）———— 64個 [MIYUKI]
- ・バレッタ金具／100×6mm（ロジウムカラー）———— 1個
- ・オーガンジー（白）
- ・糸／メタリック1号／902（シルバー）[FUJIX]
- ・裏布／#3（シルバー）[MIYUKI]

図案（実物大）

竹ビーズをこの線上に刺す。
作品の輪郭線ではないので注意

作り方

1　オーガンジーを刺繍枠に張り、図案を写す。

2　竹ビーズを図案線上に刺す（ 図1 、p.39参照）。

3　六角特小ビーズを2の回りに連続刺し（p.38参照）で刺す 図2 。

4　バレッタに仕立てる（p.42、44参照）。

図1 　竹ビーズをすきまなく、右から左へ刺し並べる

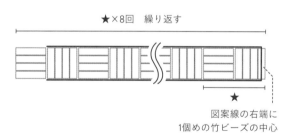

★×8回　繰り返す

★

図案線の右端に
1個めの竹ビーズの中心

図2

この3個を繰り返す

☐ =白

▨ =銀引

51

材料

- ・丸小ビーズ／#1053(金) —————————— 約300個 [MIYUKI]
- ・丸特小ビーズ／#1053(金) —————————— 約350個 [MIYUKI]
- ・丸特小ビーズ／#457(ブロンズ) —————————— 約120個 [MIYUKI]
- ・六角特小ビーズ／#4(金銀引) —————————— 約500個 [MIYUKI]
- ・竹ビーズ／1.3×3mm／SLB3(クリア金) —————————— 約220個 [MIYUKI]
- ・竹ビーズ／1.5×3mm／#457L(茶) —————————— 約150個 [MIYUKI]
- ・パール／約6mm —————————— 12個
- ・ピアス金具／フープ52mm(ゴールド) —————————— 1組み
- ・オーガンジー(白)
- ・糸／メタリック1号／901(ゴールド) [FUJIX]

作り方

1　オーガンジーを刺繍枠に張り、図案を写す。

2　輪郭を六角特小ビーズの連続刺し(p.38参照)で1周刺す。
　その内側を同様に六角特小ビーズでもう1周刺す。

3　内側を刺し埋める(写真参照)。

4　裏の処理(p.42-1〜3参照)をし、2枚でピアス金具をはさみ、
　接着剤で貼り合わせる。
　ピアス金具の中心と刺繍の中心を合わせる。

5　輪郭の1周めと2周めの間を並縫いで1周縫う。
　写真を参考に、途中で等間隔にパールをつける(p.41参照)。

図案(実物大)

4枚

あいている部分は丸特小ビーズ／
#457（ブロンズ）と丸特小ビー
ズ／#1053（金）で刺し埋める

すべて連続刺し(p.38参照)で
外側から順に1列ずつ刺す

①竹ビーズ／#457L(茶)

②丸小ビーズ／#1053(金)

③竹ビーズ／SLB 3(クリア金)

④丸特小ビーズ／#457(ブロンズ)1個、
　丸特小ビーズ／#1053(金)2個を繰り返す

⑤竹ビーズ／SLB 3(クリア金)

⑥丸小ビーズ／#1053(金)

⑦竹ビーズ／#457L(茶)

⑧丸特小ビーズ／#457(ブロンズ)1個、
　丸特小ビーズ／#1053(金)2個を繰り返す

⑨竹ビーズ／SLB 3(クリア金)

⑩丸特小ビーズ／#1053(金)

⑪竹ビーズ／SLB 3(クリア金)

⑫丸特小ビーズ#457(ブロンズ)1個、
　丸特小ビーズ／#1053(金)2個を繰り返す

⑬竹ビーズ#457L(茶)

Full moon gold ポニーフック

材料

・竹ビーズ／1.3×3mm／SLB3（クリア金）
──────── 約50個 [MIYUKI]

・丸小ビーズ／#4（金銀引）　約50個 [MIYUKI]

・丸小ビーズ／#1053（金）　約100個 [MIYUKI]

・丸特小ビーズ／#4（金銀引）
──────── 約90個 [MIYUKI]

・丸特小ビーズ／#1053（金）　約250個 [MIYUKI]

・六角特小ビーズ／#4（金銀引）
──────── 約160個 [MIYUKI]

・スパンコール／12×3mm／HC131／101L
　（ライトゴールド）────── 約12枚 [MIYUKI]

・ポニーフック金具／丸皿（ゴールド）──── 1個

・フェルト（ベージュ）

・オーガンジー（白）

・糸／メタリック1号／
　901（ゴールド）[FUJIX]

・裏布／#2（シャンパンゴールド）[MIYUKI]

作り方

1　オーガンジーを刺繍枠に張り、
　　図案を写す。

2　輪郭を刺す 図1 。

3　フェルトを縫いとめる 図2 。

4　図案の位置を目安に
　　スパンコールをとめる 図3 。

5　図4 のように刺し埋める。

6　ポニーフックに仕立てる
　　（p.42、44参照）。

図案（実物大）

スパンコール
位置の目安
（図案は写さない）

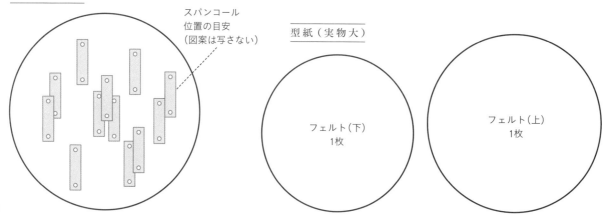

型紙（実物大）

フェルト（下）
1枚

フェルト（上）
1枚

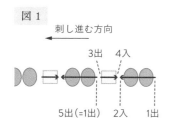

図 1

刺し進む方向 ←

3出　4入

5出(=1出)　2入　1出

⬤ = 丸特小ビーズ／#1053(金)

▢ = 六角特小ビーズ／#4(金銀引)

連続刺し(p.38)で刺す。
丸特小は2個ずつ
六角特小は1個ずつ刺す

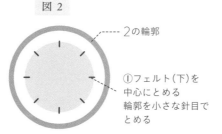

図 2

2の輪郭

①フェルト(下)を
中心にとめる
輪郭を小さな針目で
とめる

②フェルト(下)を
おおうようにフェルト
(上)を中心にのせ
輪郭を小さな針目で
とめる

約0.5cm

フェルト(下)はとめる針目の数は少なくてもよいが、
表にくるフェルト(上)は0.5cm間隔を目安に細かくとめる

図 3

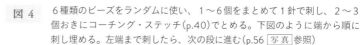

スパンコール

丸特小ビーズ／#1053(金)
2個でとめる

図 4　6種類のビーズをランダムに使い、1〜6個をまとめて1針で刺し、2〜3
個おきにコーチング・ステッチ(p.40)でとめる。下図のように端から順に
刺し埋める。左端まで刺したら、次の段に進む(p.56 [写真] 参照)

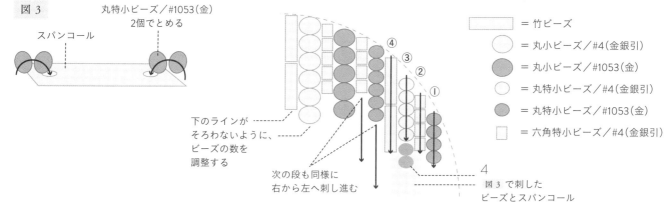

④ ③ ② ①

▭ = 竹ビーズ

◯ = 丸小ビーズ／#4(金銀引)

⬤ = 丸小ビーズ／#1053(金)

◯ = 丸特小ビーズ／#4(金銀引)

⬤ = 丸特小ビーズ／#1053(金)

▫ = 六角特小ビーズ／#4(金銀引)

下のラインが
そろわないように、
ビーズの数を
調整する

次の段も同様に
右から左へ刺し進む

4

図 3 で刺した
ビーズとスパンコール

55

Full moon silver ブローチ

材料

- ・竹ビーズ／1.7×6mm／#1051（銀）　　　　　約13個 [MIYUKI]
- ・竹ビーズ／1.3×3mm／SLB 1（銀引）　　　約50個 [MIYUKI]
- ・丸小ビーズ／#1051（銀）　　　　　　　　約80個 [MIYUKI]
- ・丸小ビーズ／# 1（銀引）　　　　　　　　約40個 [MIYUKI]
- ・丸特小ビーズ／#1051（銀）　　　　　　　約180個 [MIYUKI]
- ・丸特小ビーズ／# 1（銀引）　　　　　　　約80個 [MIYUKI]
- ・六角特小ビーズ／# 1（銀引）　　　　　　約200個 [MIYUKI]
- ・スパンコール／12×3mm／HC131/100（シルバー）
　　　　　　　　　　　　　　　　　　　　　約12枚 [MIYUKI]
- ・ブローチ金具／30mm（ロジウムカラー）　　　　1個
- ・フェルト（白）
- ・オーガンジー（白）
- ・糸／メタリック 1 号／902（シルバー）[FUJIX]
- ・裏布／# 3（シルバー）[MIYUKI]

作り方

p.54を参照して作る。内側は7種のビーズを使い、
p.55 図 4 を参考に刺し埋める。ブローチに仕立て
る（p.42参照）。

gold

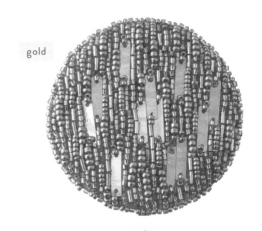

silver

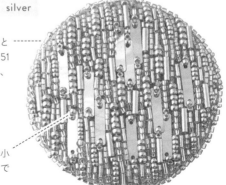

六角特小ビーズ 2 個と
丸特小ビーズ／#1051
（銀）1 個を繰り返し、
連続刺しで刺す

スパンコールは丸特小
ビーズ／#1051（銀）で
とめる

Déchiquetés　ブローチ

size：4.7 × 8.7cm（large）／4.8 × 4.2cm（small）

材料（large gold × green）

- 六角特小ビーズ／#4（金銀引）──────約230個 [MIYUKI] `ビーズa`
- 六角特小ビーズ／#459（深緑）──────約300個 [MIYUKI] `ビーズb`
- パール／4mm（ゴールド）────────────1個
- パール／3mm（ゴールド）────────────3個
- パール／2mm（ゴールド）───────────12個
- ジュエリーワイヤー#28（ゴールド）────約50cm [MIYUKI]
- ブローチ金具／25mm────────────────1個
- オーガンジー（白）
- 糸／メタリック1号／901（ゴールド）[FUJIX]
- 糸 `ビーズb` 用／シャッペスパン#90／66（深緑）[FUJIX]
- 裏布／#2（シャンパンゴールド）[MIYUKI]

材料（large silver × bordeaux）

- 六角特小ビーズ／#1（銀引）──────約230個 [MIYUKI] `ビーズa`
- 六角特小ビーズ／#460（ボルドー）──約300個 [MIYUKI] `ビーズb`
- パール／4mm（シルバー）────────────1個
- パール／3mm（シルバー）────────────3個
- パール／2mm（シルバー）───────────12個
- ジュエリーワイヤー#28（シルバー）────約50cm [MIYUKI]
- ブローチ金具／25mm────────────────1個
- オーガンジー（白）
- 糸／メタリック1号／902（シルバー）[FUJIX]
- 糸 `ビーズb` 用／シャッペスパン#90／16（ボルドー）[FUJIX]
- 裏布／#3（シルバー）[MIYUKI]

材料（small gold × brown）

- 六角特小ビーズ／#4（金銀引）──────約130個 [MIYUKI] `ビーズa`
- 六角特小ビーズ／#457（ブロンズ）──約170個 [MIYUKI] `ビーズb`
- パール／4mm（ゴールド）────────────1個
- パール／3mm（ゴールド）────────────2個
- パール／2mm（ゴールド）────────────4個
- ジュエリーワイヤー#28（ゴールド）────約25cm [MIYUKI]
- ブローチ金具／20mm────────────────1個
- オーガンジー（白）
- 糸／メタリック1号／901（ゴールド）[FUJIX]
- 糸 `ビーズb` 用／シャッペスパン#90／126（茶）[FUJIX]
- 裏布／#2（シャンパンゴールド）[MIYUKI]

材料（small gold × white）

- 六角特小ビーズ／#4（金銀引）──────約130個 [MIYUKI] `ビーズa`
- 六角特小ビーズ／#3551L（クリーム）──約170個 [MIYUKI] `ビーズb`
- パール／4mm（ゴールド）────────────1個
- パール／3mm（ゴールド）────────────2個
- パール／2mm（ゴールド）────────────4個
- ジュエリーワイヤー#28（ゴールド）────約25cm [MIYUKI]
- ブローチ金具／20mm────────────────1個
- オーガンジー（白）
- 糸／メタリック1号／901（ゴールド）[FUJIX]
- 糸 `ビーズb` 用／シャッペスパン#90／401（白）[FUJIX]
- 裏布／#2（シャンパンゴールド）[MIYUKI]

材料（small silver×navy）

- ・六角特小ビーズ／#1（銀引）──── 約130個 [MIYUKI] ビーズa
- ・六角特小ビーズ／#452（ネイビー）── 約170個 [MIYUKI] ビーズb
- ・パール／4mm（シルバー）────────── 1個
- ・パール／3mm（シルバー）────────── 2個
- ・パール／2mm（シルバー）────────── 4個
- ・ジュエリーワイヤー#28（シルバー）──── 約25cm [MIYUKI]
- ・ブローチ金具／20mm──────────── 1個
- ・オーガンジー（白）
- ・糸／メタリック1号／902（シルバー）[FUJIX]
- ・糸 ビーズb 用／シャッペスパン#90／97（ネイビー）[FUJIX]
- ・裏布／#3（シルバー）[MIYUKI]

そのほかの材料

- ・small gold×greenは
  large gold×greenと同色の材料を使用。分量はsmallと同じ

- ・small silver×whiteは
  small silver×navyの ビーズb を
  六角特小ビーズ／#3551L（クリーム）に替える

作り方

1　オーガンジーを刺繍枠に張り、図案を写す。

2　 ビーズa （large 約30cm、small 約17cm）をワイヤーに通し、
　　輪郭をコーチング・ステッチ（p.36参照）で刺す 図1 。

3　パールを図案の位置に刺す。2回ずつ針を通す。

4　 ビーズa をランダムに散らして刺す。
　　あいている部分を ビーズb でランダムに刺し埋める（p.39参照）。

5　ブローチに仕立てる（p.42参照）。

図1　ワイヤーのとめ方例

End　Start

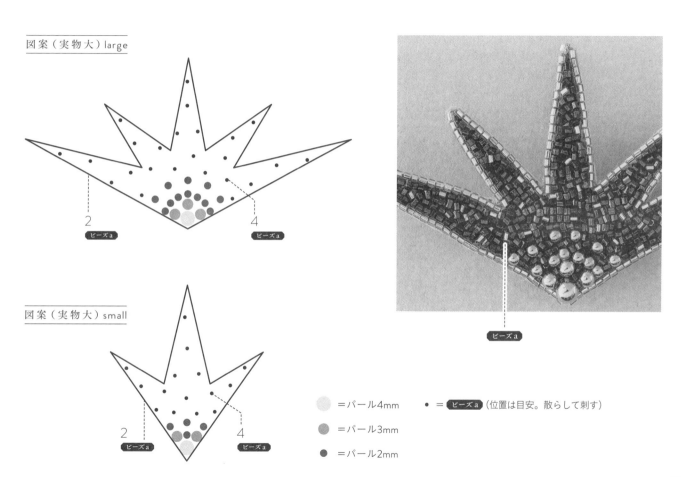

図案（実物大）large

2

ビーズa

4

ビーズa

図案（実物大）small

2

ビーズa

4

ビーズa

ビーズa

● ＝パール4mm

● ＝パール3mm

● ＝パール2mm

• ＝ ビーズa （位置は目安。散らして刺す）

材料

・六角特小ビーズ／#3551L（クリーム）――――約75個 [MIYUKI]
・六角特小ビーズ／#23（薄ピンク）――――約110個 [MIYUKI]
・丸特小ビーズ／#1053（金）――――約45個 [MIYUKI]
・丸特小ビーズ／#459（深緑）――――約50個 [MIYUKI]
・丸特小ビーズ／#4470（赤）――――約50個 [MIYUKI]
・竹ビーズ／1.5×3mm／#1053（金）――約190個 [MIYUKI]
・竹ビーズ／1.3×3mm／SLB592（生成り）約130個 [MIYUKI]
・スムースホールパール／HC141／4mm（ホワイト）
――――24個 [MIYUKI]
・ミラー金具／刺繍部分58mm（ゴールド）――――1個
・オーガンジー（白）
・糸／シャッペスパン#90／401（白）[FUJIX]
・厚紙／直径58mm――――1枚
・フェルト（白）直径54mm　　1枚、直径46mm　　1枚

作り方

1　オーガンジーを刺繍枠に張り、図案を写す。

2　図1 の順に輪郭を連続刺し（p.38参照）で刺す。

3　図2 のように刺し埋める。

4　下から順に、厚紙・フェルト54mm・フェルト46mmの順に
　重ね、すべて接着剤で貼り合わせる。

5　3を刺繍の1cmほど外側でカットし、0.5cm内側を
　ぐし縫いする。4を包んで引き絞り、ミラー金具に貼る。

図案（実物大）

金具に貼るときは
45度回転させる

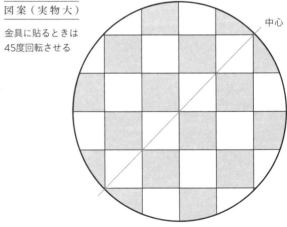

中心

図1

この4個を繰り返す

□ ＝六角特小ビーズ（クリーム）

□ ＝六角特小ビーズ（薄ピンク）

● ＝丸特小ビーズ（金）

図 2

①竹ビーズ（生成り）を連続刺しで、
縦1列ずつ刺す

③竹ビーズ（金）を刺す

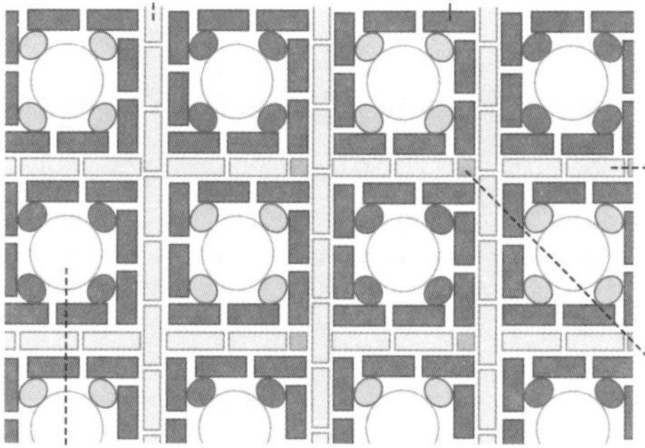

②竹ビーズ（生成り）を
連続刺しで、
横1列ずつ刺す。
すきまがあく部分は
六角特小（クリーム）を
入れる

六角特小
（クリーム）

④四角形の中心にパールを刺す。
針を2回通す

⑤パールの回りに
丸特小ビーズを4個ずつ刺す。
色は下記参照

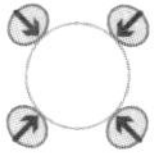

= 丸特小（赤）

= 丸特小（深緑）

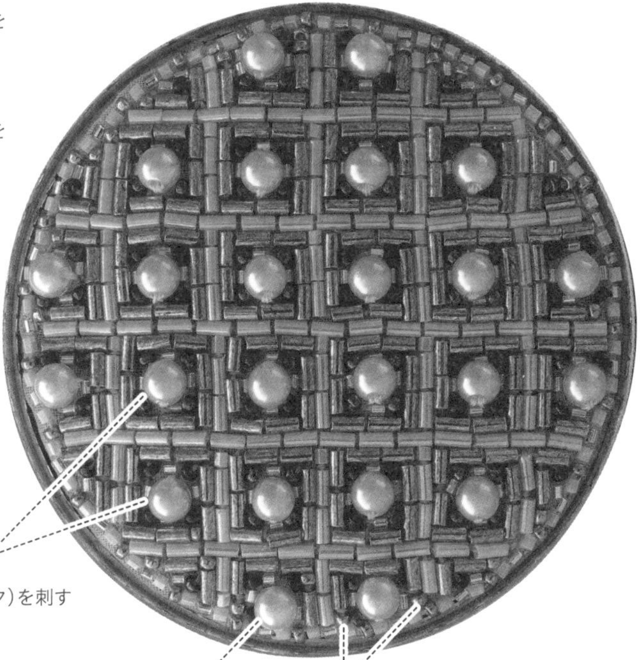

⑥すきまがあく部分は
六角特小ビーズ（薄ピンク）を刺す

正方形が欠けている部分は、
入る分だけビーズを刺して調整する

竹ビーズ（金）の延長線上は
丸特小ビーズ（金）で調整する

61

材料

- ・六角特小ビーズ／#3551L（クリーム）――――約130個 [MIYUKI]
- ・六角特小ビーズ／#23（薄ピンク）――――約50個 [MIYUKI]
- ・丸特小ビーズ／#1053（金）――――約60個 [MIYUKI]
- ・丸特小ビーズ／#459（深緑）――――約30個 [MIYUKI]
- ・丸特小ビーズ／#4470（赤）――――約30個 [MIYUKI]
- ・丸大ビーズ／#591（白）――――4個 [MIYUKI]
- ・竹ビーズ／1.5 × 3 mm／#1053（金）――――約90個 [MIYUKI]
- ・竹ビーズ／1.3 × 3 mm／SLB592（生成り）――――約55個 [MIYUKI]
- ・スムースホールパール／HC141／4 mm（ホワイト）
  ――――10個 [MIYUKI]
- ・ジュエリーワイヤー#28／（シルバー）――――約50cm [MIYUKI]
- ・ブローチ金具／25mm――――1個
- ・オーガンジー（白）
- ・糸／シャッペスパン#90／401（白）[FUJIX]
- ・裏布／# 3（シルバー）[MIYUKI]

作り方

1. オーガンジーを刺繍枠に張り、図案を写す。

2. ビーズ約35cmをp.60- 図 1 の順で約33cmをワイヤーに通し、輪郭をコーチング・ステッチ（p.36参照）で刺す 図 3 。

3. p.61- 図 2 のように刺し埋める。

4. ブローチに仕立てる（p.42参照）。

図 3

ワイヤーの
とめ方例

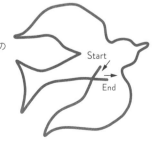

図案（実物大）

● 部分はパール4mmが
入らないため代わりに
丸大ビーズを刺す

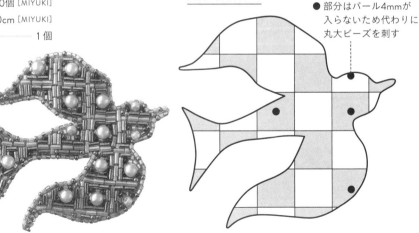

p.13 Étoile ブローチ

材料

- ・六角特小ビーズ／#1051(銀) ——— 約130個 [MIYUKI]
- ・六角特小ビーズ／#452(ネイビー) ——— 約400個 [MIYUKI]
- ・デリカビーズ／#DBC21(ニッケル) ——— 約30個 [MIYUKI]
- ・ジュエリーワイヤー#28(シルバー) ——— 約40cm [MIYUKI]
- ・ブローチ金具／25mm ——————————— 1個
- ・オーガンジー(白)
- ・糸／メタリック1号／902(シルバー) [FUJIX]
- ・糸／シャッペスパン#90／97(ネイビー) [FUJIX]
- ・裏布／#3 (シルバー) [MIYUKI]

作り方

1　オーガンジーを刺繍枠に張り、図案を写す。

2　六角特小ビーズ(銀)約23cmをワイヤーに通し、
　輪郭をコーチング・ステッチ(p.36参照)で刺す 図1 。
　糸(シルバー)を使用。

3　デリカビーズを中心に 図2 のように刺し、写真 を参考に
　散らして刺す。あいている部分を六角特小ビーズ(ネイビー)で
　ランダムに刺し埋める(p.39参照)。糸(ネイビー)を使用。

4　ブローチに仕立てる(p.42参照)。

図案（実物大）

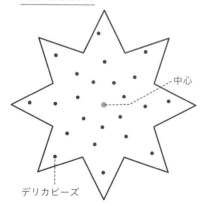

中心

デリカビーズ

図1

ワイヤーのとめ方例

End
Start

図2

デリカビーズ

中心に1個刺し
さらに6個で囲むように刺す。
そのほかは 写真 を参考に散らして刺す

size：直径約7cm

材料

- ・六角特小ビーズ／#4（金銀引）——————————約100個 [MIYUKI]
- ・六角特小ビーズ／#1（銀引）——————————約120個 [MIYUKI]
- ・六角特小ビーズ／#3551L（クリーム）——————約350個 [MIYUKI]
- ・丸大ビーズ／#591（白）—————————————9個 [MIYUKI]
- ・丸小ビーズ／#1053（金）————————————約50個 [MIYUKI]
- ・丸小ビーズ／#1051（銀）————————————約70個 [MIYUKI]
- ・丸特小ビーズ／#1053（金）———————————約80個 [MIYUKI]
- ・竹ビーズ／1.5×3mm／#3（クリア金）—————約60個 [MIYUKI]
- ・竹ビーズ／1.3×3mm／SLB1（銀引）—————約60個 [MIYUKI]
- ・竹ビーズ／1.3×3mm／SLB592（生成り）———約30個 [MIYUKI]
- ・ミラー金具／刺繍部分58mm／（ゴールド）——————1個
- ・オーガンジー（白）
- ・糸（太陽用）／メタリック1号／901（ゴールド）[FUJIX]
- ・糸（月用）／メタリック1号／902（シルバー）[FUJIX]
- ・糸（中央用）／シャッペスパン#90／401（白）[FUJIX]
- ・厚紙／直径58mm————————————————1枚

作り方

1　オーガンジーを刺繍枠に張り、図案を写す。

2　図案、写真を参照し、刺し埋める。

3　2を刺繍の1cmほど外側でカットし、
　　0.5cm内側をぐし縫いする。
　　厚紙を包んで引き絞り、ミラー金具に貼る。

型紙（実物大）

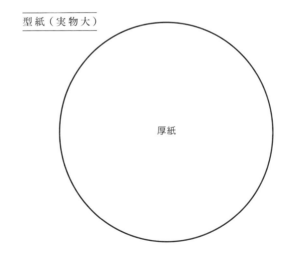

厚紙

図案（実物大）

①輪郭を連続刺し(p.38参照)で1周刺す

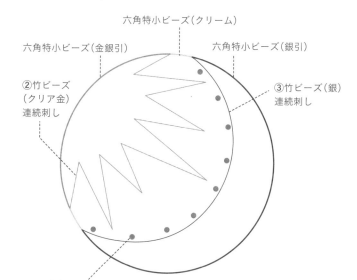

六角特小ビーズ（クリーム）

六角特小ビーズ（金銀引）

六角特小ビーズ（銀引）

②竹ビーズ
（クリア金）
連続刺し

③竹ビーズ（銀）
連続刺し

④③にそわせて刺す

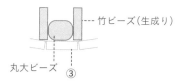

竹ビーズ（生成り）

丸大ビーズ　③

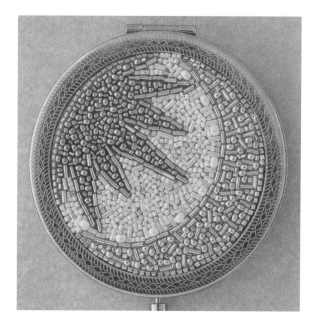

⑤以下のビーズでランダムに刺し埋める(p.39参照)
［太陽］丸小ビーズ（金）・丸特小ビーズ（金）・六角特小ビーズ（金銀引）

［月］
竹ビーズ（銀引）・丸小ビーズ（銀）・六角特小ビーズ（銀引）

［中央］
六角特小ビーズ（銀引）を約0.5cmおきにランダムに刺し、あいている部分を以下で埋める
竹ビーズ（生成り）・六角特小ビーズ（クリーム）

材料

- 竹ビーズ／1.5 × 3 mm ／ #3（クリア金）——— 39個 [MIYUKI]
- 丸特小ビーズ／#1053（金）——— 約130個 [MIYUKI]
- スムースホールパール／ HC141 ／ 4 mm（ホワイト）
——— 9個 [MIYUKI]
- ジュエリーワイヤー#28（ゴールド）——— 約20cm [MIYUKI]
- ブローチ金具／20mm ——— 1個
- オーガンジー（白）
- 糸／メタリック1号／901（ゴールド）[FUJIX]
- 裏布／#2（シャンパンゴールド）[MIYUKI]

作り方

1　オーガンジーを刺繍枠に張り、図案を写す。

2　竹ビーズ39個をワイヤーに通し、輪郭をコーチング・ステッチ（p.36参照）で刺す 図1 。外側は21個、内側は18個 図2 。

3　丸特小ビーズで内側をランダムに刺し埋める（p.39参照）。

4　裏の処理（p.42-1～3参照）をする。

5　 図2 の位置にパールをとめる（p.41参照）。

6　ブローチに仕立てる（p.42参照）。

図案（実物大）

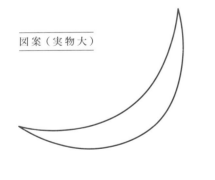

図1

ワイヤーのとめ方例

End　Start

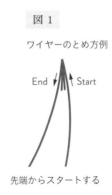

先端からスタートする

図2

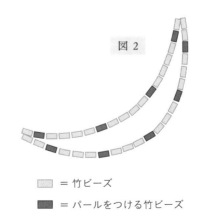

▢ = 竹ビーズ

▣ = パールをつける竹ビーズ

Rayures de couleur　リング

gold

材料
- ・六角特小ビーズ／#4（金銀引）───── 約33個 [MIYUKI]
- ・六角特小ビーズ／#459（深緑）───── 約22個 [MIYUKI]
- ・六角特小ビーズ／#460（ボルドー）──── 約23個 [MIYUKI]
- ・六角特小ビーズ／#3551L（クリーム）── 約22個 [MIYUKI]
- ・丸特小ビーズ／#1053（金）──────── 約31個 [MIYUKI]
- ・ジュエリーワイヤー#28（ゴールド）── 約15cm [MIYUKI]
- ・リング金具／丸皿（ゴールド）────────── 1 個
- ・フェルト（ベージュ）
- ・オーガンジー（白）
- ・糸／メタリック 1 号／901（ゴールド）[FUJIX]
- ・裏布／#2（シャンパンゴールド）[MIYUKI]

作り方
1　オーガンジーを刺繍枠に張り、図案を写す。
2　六角特小ビーズ（金銀引）約6cmをワイヤーに通し、
　　輪郭をコーチング・ステッチ（p.36参照）で刺す 図 1 。
3　フェルトを縫いとめる（p.69- 図 2 ）。
4　フェルトをおおうように
　　コーチング・ステッチ（p.40参照）で刺す（p.69- 図 3 ）。
5　リングに仕立てる（p.42、44参照）。

silver

材料
- ・六角特小ビーズ／#1（銀引）─────── 約64個 [MIYUKI]
- ・六角特小ビーズ／#413（ターコイズ）── 約31個 [MIYUKI]
- ・丸特小ビーズ／#408（赤）──────── 約28個 [MIYUKI]
- ・六角特小ビーズ／#3551L（クリーム）── 約28個 [MIYUKI]
- ・ジュエリーワイヤー#28（シルバー）── 約15cm [MIYUKI]
- ・リング金具／丸皿（ロジウムカラー）────── 1 個
- ・フェルト（白）
- ・オーガンジー（白）
- ・糸／メタリック 1 号／902（シルバー）[FUJIX]
- ・裏布／#3（シルバー）[MIYUKI]

silverはビーズを以下のように替えて刺す
六角特小（金銀引）→六角特小（銀引）
丸特小（金）→六角特小（クリーム）
六角特小（深緑）→六角特小（ターコイズ）
六角特小（ボルドー）→丸特小（赤）
六角特小（クリーム）→六角特小（銀引）

図 1

ワイヤーのとめ方例

Start　　End

図案（実物大）

中心

型紙（実物大）

フェルト1枚

Rayures de couleur　バングル

size：約2.5×7cm（刺繍部分）

gold

材料
- ・六角特小ビーズ／#4（金銀引）――――約150個 [MIYUKI]
- ・六角特小ビーズ／#3551L（クリーム）　約120個 [MIYUKI]
- ・六角特小ビーズ／#459（深緑）　約120個 [MIYUKI]
- ・六角特小ビーズ／#460（ボルドー）　約130個 [MIYUKI]
- ・丸特小ビーズ／#1053（金）　約140個 [MIYUKI]
- ・丸特小ビーズ／#1051（銀）　約8個 [MIYUKI]
- ・ジュエリーワイヤー#28（ゴールド）　約40cm [MIYUKI]
- ・ワイヤーブレス金具／大（ゴールド）――――1個
- ・フェルト（ベージュ）
- ・オーガンジー（白）
- ・糸／メタリック1号／901（ゴールド）[FUJIX]
- ・裏布／#2（シャンパンゴールド）[MIYUKI]

作り方
1　オーガンジーを刺繍枠に張り、図案を写す。

2　六角特小ビーズ（金銀引）約23cmをワイヤーに通し、
　　輪郭をコーチング・ステッチ（p.36参照）で刺す 図1 。

3　フェルトを縫いとめる 図2 。

4　フェルトをおおうようにコーチング・ステッチ（p.40参照）
　　で刺す 図3 。

5　バングルに仕立てる。金具の中心に裏の処理（p.42 - 1〜3参照）
　　をした刺繍パーツを置き、粗く縫って仮どめをする（p.44参照）。
　　金具をはさむように裏布を刺繍パーツの裏に貼る。

silver

材料
- ・六角特小ビーズ／#1（銀引）――――約290個 [MIYUKI]
- ・六角特小ビーズ／#3551L（クリーム）　約120個 [MIYUKI]
- ・六角特小ビーズ／#413（ターコイズ）　約120個 [MIYUKI]
- ・丸特小ビーズ／#408（赤）　約130個 [MIYUKI]
- ・丸特小ビーズ／#1053（金）　約8個 [MIYUKI]
- ・ジュエリーワイヤー#28（シルバー）　約40cm [MIYUKI]
- ・ワイヤーブレス金具／大（ロジウムカラー）――――1個
- ・フェルト（白）
- ・オーガンジー（白）[MIYUKI]
- ・糸／メタリック1号／902（シルバー）[FUJIX]
- ・裏布／#2（シャンパンゴールド）[MIYUKI]

silverはビーズを以下のように替えて刺す
六角特小（金銀引）→ 六角特小（銀引）
丸特小（金）→ 六角特小（銀引）
六角特小（深緑）→ 六角特小（ターコイズ）
六角特小（ボルドー）→ 丸特小（赤）
丸特小（銀）→丸特小（金）

図案（実物大）

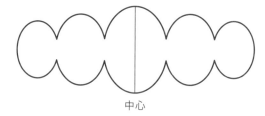

中心

型紙（実物大）

裏布 1枚

フェルト

（大）1枚　　　（中）2枚　　　（小）2枚

図 1

ワイヤーのとめ方例

End　Start

図 2

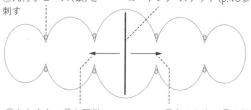

フェルト（大）　　　（中）　　　（小）

2の輪郭

①中心を大きな針目でフェルトを固定する

②回りを小さな針目でとめる

図 3

④丸特小ビーズ（銀）を刺す

①中心に丸特小（金）をコーチング・ステッチ（p.40参照）で刺す

②右から左へ①と同様に
　六角特小（ボルドー）
　→六角特小（クリーム）
　→六角特小（深緑）
　→丸特小（金）を1列ずつ刺す。
　以降繰り返して端まで刺す

③左から右へ①と同様に
　六角特小（深緑）
　→六角特小（クリーム）
　→六角特小（ボルドー）
　→丸特小（金）を1列ずつ刺す。
　以降繰り返して端まで刺す

材料

gold × bordeaux

- ・六角特小ビーズ／#4（金銀引）————約120個 [MIYUKI] ビーズa
- ・六角特小ビーズ／#460（ボルドー）————約140個 [MIYUKI] ビーズb
- ・パール／3mm（ホワイト）————8個
- ・ジュエリーワイヤー#28（ゴールド）————約12cm×2本 [MIYUKI]
- ・ピアス金具（ゴールド）————1組み
- ・オーガンジー（白）
- ・糸／メタリック1号／901（ゴールド）[FUJIX]
- ・糸 ビーズb 用／シャッペスパン#90／16（ボルドー）[FUJIX]
- ・裏布／#2（シャンパンゴールド）[MIYUKI]

silver × navy

- ・六角特小ビーズ／#1（銀引）————約120個 [MIYUKI] ビーズa
- ・六角特小ビーズ／#452（ネイビー）————約140個 [MIYUKI] ビーズb
- ・パール／3mm（ホワイト）————8個
- ・ジュエリーワイヤー#28（シルバー）————約12cm×2本 [MIYUKI]
- ・ピアス金具（ロジウムカラー）————1組み
- ・オーガンジー（白）
- ・糸／メタリック1号／902（シルバー）[FUJIX]
- ・糸 ビーズb 用／シャッペスパン#90／97（ネイビー）[FUJIX]
- ・裏布／#3（シルバー）[MIYUKI]

その他は、以下のように材料を替える。

gold × green

- ・六角特小ビーズ／#4（金銀引）[MIYUKI] ビーズa
- ・六角特小ビーズ／#459（深緑）[MIYUKI] ビーズb
- ・糸 ビーズb 用／シャッペスパン#90／66（深緑）[FUJIX]

gold × white

- ・六角特小ビーズ／#4（金銀引）[MIYUKI] ビーズa
- ・六角特小ビーズ／#3551L（クリーム）[MIYUKI] ビーズb
- ・糸 ビーズb 用／シャッペスパン#90／401（白）[FUJIX]

silver × silver

- ・六角特小ビーズ／#1（銀引）[MIYUKI] ビーズa
- ・丸特小ビーズ／#1051（銀）[MIYUKI] ビーズb
- ・糸はすべてメタリック1号／902（シルバー）[FUJIX]

silver × light pink

- ・六角特小ビーズ／#1（銀引）[MIYUKI] ビーズa
- ・六角特小ビーズ／#12（薄ピンク）[MIYUKI] ビーズb
- ・糸はすべてメタリック1号／902（シルバー）[FUJIX]

作り方

1 オーガンジーを刺繍枠に張り、図案を写す。

2 ワイヤーに 図1 のようにビーズとパールを通し、
　輪郭をコーチング・ステッチ（p.36参照）で刺す 図2 。

3 ビーズa で2の内側を連続刺し（p.38参照）で1周刺す。

4 ビーズb であいている部分を刺し埋める（p.40参照）。

5 ピアスに仕立てる（p.42、44参照）。

図案（実物大）

パール

図1

| 7個 | 7個 | 7個 | 7個 |

①このビーズからワイヤーに通す　　②このパールから刺し始める

図2　ワイヤーのとめ方例

End　Start

◯ ＝パール

□ ＝ ビーズa

材料

silver × silver

- 六角特小ビーズ／#1（銀引）————— 約60個 [MIYUKI] **ビーズa**
- 丸特小ビーズ／#1051（銀）———— 約80個 [MIYUKI] **ビーズb**
- パール／3mm（ホワイト）————————————— 4個
- ジュエリーワイヤー#28（シルバー）———— 約12cm [MIYUKI]
- リング金具／丸皿（ロジウムカラー）——————— 1個
- オーガンジー（白）
- 糸／メタリック1号／902（シルバー）[FUJIX]
- 裏布／#3（シルバー）[MIYUKI]

gold × green

- 六角特小ビーズ／#4（金銀引）———— 約60個 [MIYUKI] **ビーズa**
- 六角特小ビーズ／#459（深緑）———— 約70個 [MIYUKI] **ビーズb**
- パール／3mm（ホワイト）————————————— 4個
- ジュエリーワイヤー#28（ゴールド）———— 約12cm [MIYUKI]
- リング金具／丸皿（ゴールド）————————— 1個
- オーガンジー（白）
- 糸／メタリック1号／901（ゴールド）[FUJIX]
- 糸 **ビーズb** 用／シャッペスパン#90／66（深緑）[FUJIX]
- 裏布／#2（シャンパンゴールド）[MIYUKI]

gold × gold

- 六角特小ビーズ／#4（金銀引）———— 約60個 [MIYUKI] **ビーズa**
- 丸特小ビーズ／#1053（金）———— 約80個 [MIYUKI] **ビーズb**
- パール3mm（ホワイト）————————————— 4個
- ジュエリーワイヤー#28（ゴールド）———— 約12cm [MIYUKI]
- リング金具／丸皿（ゴールド）————————— 1個
- オーガンジー（白）
- 糸／メタリック1号／901（ゴールド）[FUJIX]
- 裏布／#2（シャンパンゴールド）[MIYUKI]

作り方

1　オーガンジーを刺繍枠に張り、図案を写す。

2　ワイヤーに 図1 のようにビーズとパールを通し、
　　輪郭をコーチング・ステッチ(p.36参照)で刺す 図2 。

3　 ビーズa で2の内側を連続刺し(p.38参照)で1周刺す。

4　 ビーズb であいている部分を刺し埋める(p.40参照)。

5　リングに仕立てる(p.42、44参照)。

図案(実物大)

パール

図1

| 7個 | 7個 | 7個 | 7個 |

①このビーズからワイヤーに通す　　②このパールから刺し始める

図2　ワイヤーのとめ方例

Start

End

◯ =パール

□ = ビーズa

L'anneau perle　ピアス

size：約 4.5 × 2.7 cm

材料

- ・丸小ビーズ／#1（銀引）————— 約60個 [MIYUKI]
- ・丸特小ビーズ／#1（銀引）————— 約60個 [MIYUKI]
- ・六角特小ビーズ／#1（銀引）————約250個 [MIYUKI]
- ・竹ビーズ／1.5 × 3 mm／#1（銀引）——約40個 [MIYUKI]
- ・パール／約8 mm ————————————— 2個
- ・ジュエリーワイヤー#28（シルバー）

　　　　　　　　　約17cmと13cm×各2本 [MIYUKI]
- ・ピアス金具／丸皿（ロジウムカラー）——— 1組み
- ・オーガンジー（白）
- ・糸／メタリック1号／902（シルバー）[FUJIX]
- ・裏布／#3（シルバー）[MIYUKI]

作り方

1　オーガンジーを刺繍枠に張り、図案を写す。

2　六角特小ビーズをワイヤーに通し、
　　輪郭をコーチング・ステッチ（p.36参照）で刺す 図1 。
　　外側は約12cm、内側は約7cm分通す。

3　p.39を参照し、竹ビーズをランダムに散らして刺す。
　　次に3種類のビーズをランダムに刺し埋める。

4　裏の処理（p.42参照）をする。
　　裏布をつける前に 写真 の位置にパールをとめる（p.41参照）。

5　ピアスに仕立てる（p.44参照）。

図案（実物大）

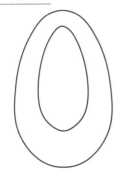

図1　ワイヤーのとめ方例

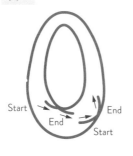

Start　　End
End
Start

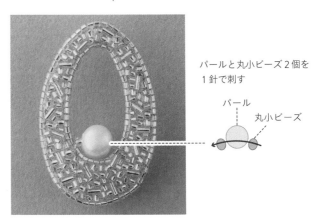

パールと丸小ビーズ2個を
1針で刺す

パール

丸小ビーズ

L'anneau perle　ネックレス　

材料

- ・丸小ビーズ／#1（銀引）————————— 約30個 [MIYUKI]
- ・丸特小ビーズ／#1（銀引）——————— 約30個 [MIYUKI]
- ・六角特小ビーズ／#1（銀引）————— 約120個 [MIYUKI]
- ・竹ビーズ／1.5×3mm／#1（銀引）——— 約20個 [MIYUKI]
- ・パール／約6mm ————————————— 約110個
- ・ジュエリーワイヤー#28（シルバー）—— 約30cm [MIYUKI]
- ・丸カン／4mm（ロジウムカラー）——————— 1個
- ・Tピン（ロジウムカラー）——————————— 1個
- ・ボールチップ（ロジウムカラー）——————— 2個
- ・つぶし玉 ———————————————————— 2個
- ・ネックレスワイヤー0.3mm ——————— 約50cm
- ・オーガンジー（白）
- ・糸／メタリック1号／902（シルバー）[FUJIX]
- ・裏布／#3（シルバー）[MIYUKI]

作り方

1　オーガンジーを刺繍枠に張り、図案（p.74参照）を写す。

2　六角特小ビーズをジュエリーワイヤーに通し、
　　輪郭をコーチング・ステッチ（p.36参照）で刺す（p.74-図1 参照）。
　　外側は約12cm、内側は約7cm分通す。

3　p.39を参照し、竹ビーズをランダムに散らして刺す。
　　次に3種類のビーズをランダムに刺し埋める。

4　p.42を参照して裏布を貼り、写真のように仕立てる。

①パール約57cmをネックレスワイヤーに通し、両端にボールチップをつける（p.45参照）

②パールをTピンどめ（p.45参照）し、ボールチップにつなぐ

③中央上部に穴をあけ、丸カンでボールチップとつなぐ（p.45参照）

p.20 Heart キーホルダー

材 料 ※この作品では裏布を刺繍用の表布として使用します。p.46では「**表布**」と記載しています。

white

- ・丸大ビーズ／#591（クリーム） 22個 [MIYUKI]
- ・3カットビーズ／#414（紺） 8個 [MIYUKI] ビーズa
- ・スクエアビーズ1.8mm／SB406（オレンジ） 40個 [MIYUKI] ビーズb
- ・竹ビーズ／1.7×6mm／#1（銀引） 22個 [MIYUKI]
- ・パール／3mm（銀） 10個
- ・キーホルダーチェーン／12cm（ロジウムカラー） 1個
- ・裏布／#1（パールホワイト）[MIYUKI] ※**表布用**
- ・裏布／#3（シルバー）[MIYUKI]
- ・糸／メタリック1号／902（シルバー）[FUJIX]
- ・オーガンジーの切れ端もしくはわた

silver

- ・丸大ビーズ／#591（クリーム） 22個 [MIYUKI]
- ・丸小ビーズ／#517（ピンク） 8個 [MIYUKI] ビーズa
- ・丸小ビーズ／#413（水色） 40個 [MIYUKI] ビーズb
- ・竹ビーズ／1.7×6mm／#1（銀引） 22個 [MIYUKI]
- ・パール／3mm（ホワイト） 10個
- ・キーホルダーチェーン／12cm（ロジウムカラー） 1個
- ・裏布／#3（シルバー）[MIYUKI] ※**表布用**
- ・裏布／#1（パールホワイト）[MIYUKI]
- ・糸／メタリック1号／902（シルバー）[FUJIX]
- ・オーガンジーの切れ端もしくはわた

gold

- ・丸大ビーズ／#591（クリーム） 22個 [MIYUKI]
- ・丸小ビーズ／#1051（銀） 8個 [MIYUKI] ビーズa
- ・丸小ビーズ／#13（紫） 40個 [MIYUKI] ビーズb
- ・竹ビーズ／1.7×6mm／#3（クリア金） 22個 [MIYUKI]
- ・パール／3mm（金） 10個
- ・キーホルダーチェーン／12cm（ゴールド） 1個
- ・裏布／#2（シャンパンゴールド）[MIYUKI] ※**表布用**
- ・裏布／#3（シルバー）[MIYUKI]
- ・糸／メタリック1号／902（シルバー）[FUJIX]
- ・オーガンジーの切れ端もしくはわた

black

- ・丸大ビーズ／#591（クリーム） 22個 [MIYUKI]
- ・丸小ビーズ／#1051（銀） 8個 [MIYUKI] ビーズa
- ・丸小ビーズ／#5046（白） 40個 [MIYUKI] ビーズb
- ・竹ビーズ／1.7×6mm／#1（銀引） 22個 [MIYUKI]
- ・パール／3mm（銀） 10個
- ・キーホルダーチェーン／12cm（ロジウムカラー） 1個
- ・裏布／#5（ブラック）[MIYUKI] ※**表布用**
- ・裏布／#3（シルバー）[MIYUKI]
- ・糸／メタリック1号／902（シルバー）[FUJIX]
- ・オーガンジーの切れ端もしくはわた

作り方（p.46 参照）

1 表布と裏布を型紙どおりにそれぞれカットし、
　刺繍をする表布のみ図案を裏面に写す。

2 表布に刺繍をする。※刺繍枠は使用しない
　布がつれないよう、途中で布をしっかりと
　張りながら刺す。

3 表布と裏布に帯を縫いとめる 図1 。

4 表布と裏布を外表に合わせ、
　回りをかがりながらビーズを刺し、
　オーガンジーを詰める。

5 帯にチェーンを通す。

図案・型紙（実物大）

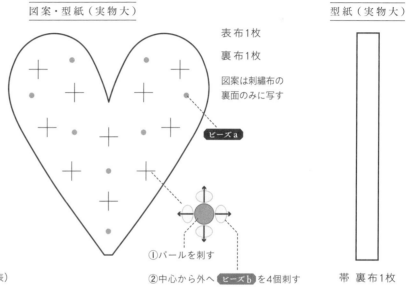

表布1枚

裏布1枚

図案は刺繍布の
裏面のみに写す

ビーズa

①パールを刺す

②中心から外へ ビーズb を4個刺す

型紙（実物大）

帯 裏布1枚

図1

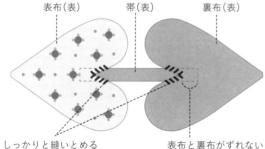

表布（表）　　帯（表）　　裏布（表）

しっかりと縫いとめる

表布と裏布がずれないように中心をそろえ
帯を約0.8cmほど重ねる

p.22 Quatre perles *イアリング*

size：約 2.7 × 2.2cm

材料（light blue）

・六角特小ビーズ／#435（水色）—————————— 約230個 [MIYUKI]
・六角特小ビーズ／#1051（銀）————————————— 約100個 [MIYUKI]
・パール／6mm（ホワイト）————————————————————— 8個
・イアリング金具／ネジバネ丸皿（ロジウムカラー）—————— 1組み
・オーガンジー（白）
・糸／シャッペスパン#90／401（白）[FUJIX]
・糸／シャッペスパン#90／254（水色）[FUJIX]
・糸／メタリック1号／902（シルバー）[FUJIX]
・裏布／#3（シルバー）[MIYUKI]

その他は、以下のようにビーズを替える
・六角特小ビーズ／#435（水色）　　blue → 六角特小ビーズ／#414（青）。糸は95（青）
　　　　　　　　　　　　　　orange → 六角特小ビーズ／#406（オレンジ）。糸は236（オレンジ）

作り方

1　オーガンジーを刺繍枠に張る。

2　 図1 のように刺す。

3　イアリングに仕立てる（p.42、44参照）。

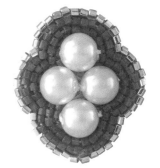

図1

①長さ13mmの図案線を中心をそろえて垂直に描く

パール

②2個のパールを刺す。糸は白を使用

③先に刺したパールにつけて、さらに2個刺す

④4個のパールの外周を、連続刺し（p.38参照）で内側から順に4周刺す

1〜3周め：六角特小ビーズ（水色）。糸は水色
4周め：六角特小ビーズ（銀）。糸はシルバー

※パールは2回ずつ針を通す。外から内に向かって刺すとパール同士をくっつけて刺すことができる

size：約3.7×2.5cm

材料

- ・丸小ビーズ／#1053(金) ──────── 24個 [MIYUKI]
- ・六角特小ビーズ／#4 (金銀引) ────── 約200個 [MIYUKI]
- ・丸特小ビーズ／#457(ブロンズ) ───── 8個 [MIYUKI]
- ・竹ビーズ／1.7×6mm／#29(こげ茶) ── 8個 [MIYUKI]
- ・竹ビーズ／1.5×3mm／#457L(茶) ── 8個 [MIYUKI]
- ・竹ビーズ／1.5×3mm／#3 (クリア金) ─ 16個 [MIYUKI]
- ・クリスタル／4mm(エメラルド) ──────── 2個
- ・石座／4mm(ゴールド) ──────────── 2個
- ・パール／8mm ────────────── 2個
- ・ジュエリーワイヤー#28(ゴールド) 約20cm×2本 [MIYUKI]
- ・ピアス金具／丸皿(ゴールド) ─────── 1組み
- ・丸カン／4mm(ゴールド) ─────────── 2個
- ・Tピン(ゴールド) ───────────── 2本
- ・オーガンジー(白)
- ・糸／メタリック1号／901(ゴールド) [FUJIX]
- ・裏布／#2(シャンパンゴールド) [MIYUKI]

作り方

1　p.80の1～7を参照し、刺繍をする。

2　ピアスに仕立てる(p.42、44参照)。
　　上から約1cmの位置に穴をあけてピアス金具をセットする。

3　パールをTピンに通してTピンどめ(p.45参照)をする。
　　本体の下部に針で穴をあけて丸カンを通し、Tピンとつなぐ。

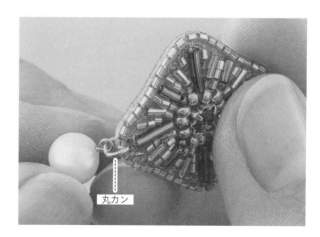

丸カン

p.26 Egypte *ネックレス*

材料

・丸小ビーズ／#1053(金)	約33個 [MIYUKI]
・丸小ビーズ／#29(クリア茶)	44個 [MIYUKI]
・六角特小ビーズ／#4 (金銀引)	約90個 [MIYUKI]
・丸特小ビーズ／#457(ブロンズ)…	4個 [MIYUKI]
・竹ビーズ／1.7×6mm／#29(こげ茶)	4個 [MIYUKI]
・竹ビーズ／1.5×3mm／#457L(茶)	4個 [MIYUKI]
・竹ビーズ／1.5×3mm／#3 (クリア金)	8個 [MIYUKI]
・竹ビーズ／1.7×6mm／#401(黒)	53個 [MIYUKI]
・クリスタル／4mm(エメラルド)	1個
・石座／4mm(ゴールド)	1個
・ジュエリーワイヤー#28(ゴールド)	約15cm [MIYUKI]
・引き輪とアジャスターセット(ゴールド)	1組み
・丸カン／3mm(ゴールド)	2個
・ボールチップ(ゴールド)	2個
・つぶし玉	2個
・ネックレスワイヤー0.3mm	約50cm
・オーガンジー(白)	
・糸／メタリック1号／901(ゴールド) [FUJIX]	
・裏布／#2 (シャンパンゴールド) [MIYUKI]	

作り方

1　オーガンジーを刺繍枠に張り、図案を写す。

2　六角特小ビーズ約8cmをジュエリーワイヤーに通し、
　　輪郭をコーチング・ステッチ(p.36参照)で刺す 図1 。

3　クリスタルを石座にセットし、十字に2回ずつ針を通す。

4　丸小ビーズ(金)を3の回りに連続刺し(p.38参照)で刺す。

5　竹ビーズ(こげ茶)を刺す。2回ずつ針を通す。

6　竹ビーズ(茶)と丸特小ビーズを1針で刺す。

7　あいている部分に、竹ビーズ(クリア金)と六角特小ビーズを
　　放射状に刺す。六角特小ビーズは複数個まとめて刺す。
　　小さなすきまは糸のみのステッチで刺し埋める。

8　裏の処理(p.42-1～3参照)をする。
　　 写真 を参照し、仕立てる。

図案（実物大）

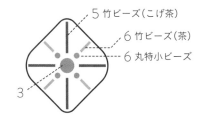

5 竹ビーズ(こげ茶)

6 竹ビーズ(茶)

6 丸特小ビーズ

3

図1

ワイヤーのとめ方例

Start　End

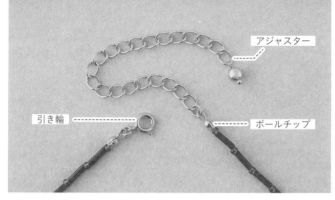

アジャスター

引き輪

ボールチップ

③アジャスターと引き輪を、
丸カンでボールチップにそれぞれつなぐ

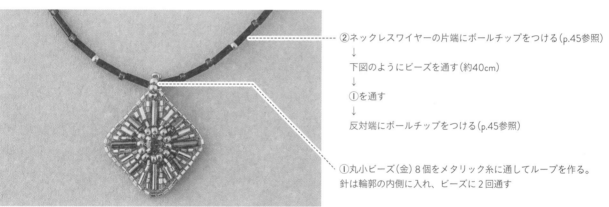

②ネックレスワイヤーの片端にボールチップをつける(p.45参照)
　↓
　下図のようにビーズを通す(約40cm)
　↓
　①を通す
　↓
　反対端にボールチップをつける(p.45参照)

①丸小ビーズ(金) 8個をメタリック糸に通してループを作る。
　針は輪郭の内側に入れ、ビーズに2回通す

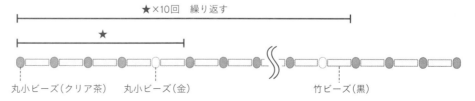

★×10回　繰り返す

★

丸小ビーズ(クリア茶)　　丸小ビーズ(金)　　　　　　　　竹ビーズ(黒)

材料

- 六角特小ビーズ／#4（金銀引）——————　約230個 [MIYUKI]
- 丸特小ビーズ／#1053（金）——————　約420個 [MIYUKI]
- ジュエリーワイヤー#28（ゴールド）——————　約30cm [MIYUKI]
- ポニーフック金具35mm（ゴールド）——————　1個
- フェルト（ベージュ）
- オーガンジー（白）
- 糸／メタリック1号／901（ゴールド）[FUJIX]
- 裏布／#2（シャンパンゴールド）[MIYUKI]

作り方

1　オーガンジーを刺繍枠に張り、図案を写す。

2　六角特小ビーズ約20cmをワイヤーに通し、
　　輪郭をコーチング・ステッチ（p.36参照）で刺す 図1。

3　2の内側を、六角特小ビーズの連続刺し（p.38参照）で1周刺す。

4　フェルトを縫いとめる 図2。

5　フェルトをおおうようにコーチング・ステッチをする 図3。

6　ポニーフックに仕立てる。裏の処理をした
　　刺繍パーツと同寸に裏布をカットする（p.42-1〜5参照）。
　　刺繍パーツの裏に金具を縫って仮どめし、裏布を貼る。

図案（実物大）

中心

型紙（実物大）

フェルト（下）1枚

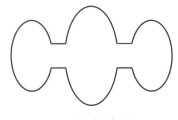

フェルト（上）1枚

図 1 ワイヤーのとめ方例

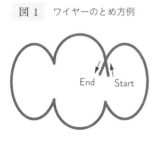

End　Start

図 2

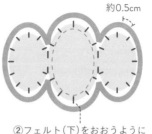

2、3

①フェルト（下）を中心に置き
輪郭を小さな針目でとめる

約0.5cm

②フェルト（下）をおおうように
フェルト（上）を中心にのせ
輪郭を小さな針目でとめる

フェルト（下）はとめる針目の
数は少なくてもよいが、表に
くるフェルト（上）は0.5cm間
隔を目安に細かくとめる

図 3

丸特小ビーズをコーチング・ステッチ（p.40参照）で刺し埋める

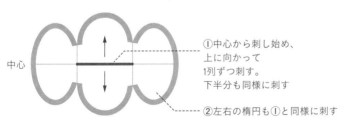

中心

①中心から刺し始め、
上に向かって
1列ずつ刺す。
下半分も同様に刺す

②左右の楕円も①と同様に刺す

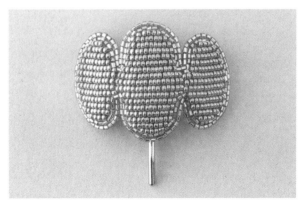

p.25 Boucle d'or　ピアス

材料

- ・六角特小ビーズ／#4（金銀引）――――――約300個 [MIYUKI]
- ・丸特小ビーズ／#1053（金）――――――約400個 [MIYUKI]
- ・ジュエリーワイヤー#28（ゴールド）　約20cm×2本 [MIYUKI]
- ・ピアス金具（ゴールド）――――――――――1組み
- ・丸カン／3.5mm（ゴールド）――――――――6個
- ・丸カン／2.5mm（ゴールド）――――――――6個
- ・オーガンジー（白）
- ・糸／メタリック1号／901（ゴールド）[FUJIX]
- ・裏布／#2（シャンパンゴールド）[MIYUKI]

作り方

1　オーガンジーを刺繍枠に張り、図案を写す。

2　六角特小ビーズ約11cmをワイヤーに通し、
　　輪郭をコーチング・ステッチ（p.36参照）で刺す 図1 。

3　2の内側を、六角特小ビーズの連続刺し（p.38参照）で1周刺す。

4　丸特小ビーズをコーチング・ステッチで刺し埋める 図2 。

5　裏の処理をした刺繍パーツと同寸に裏布をカットする
　　（p.42-1〜5参照）。写真のように貼り合わせ、
　　丸カンでピアス金具とつなぐ 図3 。

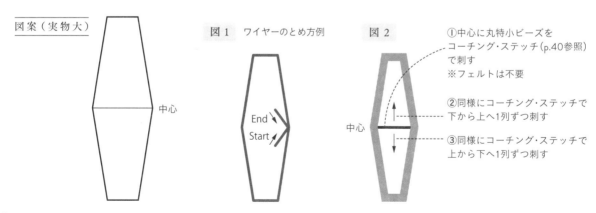

図案（実物大）

中心

図1　ワイヤーのとめ方例

End
Start

図2

中心

①中心に丸特小ビーズを
コーチング・ステッチ(p.40参照)
で刺す
※フェルトは不要

②同様にコーチング・ステッチで
下から上へ1列ずつ刺す

③同様にコーチング・ステッチで
上から下へ1列ずつ刺す

ペンなど円柱状のものに巻きつ
けながら貼り合わせる。裏布の
はみ出た部分は後でカットする

図3

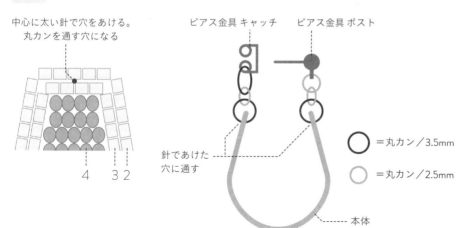

中心に太い針で穴をあける。
丸カンを通す穴になる

ピアス金具 キャッチ　　　ピアス金具 ポスト

針であけた
穴に通す

4　3 2

⬤ ＝丸カン／3.5mm

◯ ＝丸カン／2.5mm

本体

Crack perles　　バレッタ

short

材料
- 六角特小ビーズ／#1（銀引）—————————— 約300個 [MIYUKI]
- パール／5mm（ホワイト）—————————————————— 3個
- パール／4mm（ホワイト）—————————————————— 2個
- パール／3mm（ホワイト）—————————————————— 4個
- ジュエリーワイヤー#28（シルバー）——————— 約25cm [MIYUKI]
- バレッタ金具／60mm——————————————————————— 1個
- オーガンジー（白）
- 糸／メタリック1号／902（シルバー）[FUJIX]
- 裏布／#3（シルバー）[MIYUKI]

図案（実物大）

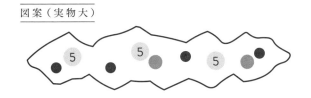

long

材料
- 六角特小ビーズ／#1（銀引）—————————— 約500個 [MIYUKI]
- パール／6mm（ホワイト）—————————————————— 1個
- パール／5mm（ホワイト）—————————————————— 3個
- パール／4mm（ホワイト）—————————————————— 2個
- パール／3mm（ホワイト）—————————————————— 5個
- ジュエリーワイヤー#28（シルバー）——————— 約40cm [MIYUKI]
- バレッタ金具／100×6mm———————————————————— 1個
- オーガンジー（白）
- 糸／メタリック1号／902（シルバー）[FUJIX]
- 裏布／#3（シルバー）[MIYUKI]

6 ＝パール6mm
5 ＝パール5mm
● ＝パール4mm
● ＝パール3mm

図案（実物大）

作り方

1　オーガンジーを刺繍枠に張り、図案を写す。

2　ビーズ(shortは約19cm、longは約35cm)をワイヤーに通し、
　　輪郭をコーチング・ステッチ(p.36参照)で刺す 図1 。

3　パールを指定の位置に刺す。2回ずつ針を通し、
　　しっかりと固定する。

4　図2 のように刺し埋める。

5　バレッタに仕立てる(p.42、44参照)。

図1　ワイヤーのとめ方例

End　　Start

図2

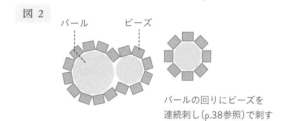

パール　　ビーズ

パールの回りにビーズを
連続刺し(p.38参照)で刺す

線がぶつかったら針を止め、
先に刺したビーズの外側を同心円状に刺す

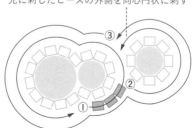

③

②

①

SWIMAYA
スウィマヤ

片岡 彩

長野県生れ、軽井沢在住。高校卒業後、フランス・パリへ留学し、ファッション全般を学ぶ。オートクチュール部門で縫い子として働く中でリュネビル刺繍を知り、École de Lesageに入学し、刺繍技術を習得。カタール・ドーハのファッションブランドの刺繍部門で経験を経て、帰国。2017年、SWIMAYA（スウィマヤ）として活動をスタート。2018年より軽井沢へ拠点を移し、展示会や個展を企画開催する。2023年より東京にてリュネビル刺繍レッスンをスタート。刺繍のイメージと可能性を広げるような、クオリティの高いジュエリー感のある作風で、心ときめく刺繍作品を製作している。

Instagram
SWIMAYA@swimaya.embroidery
Lesson/WS@aya.kataoka

Staff

ブックデザイン	細山田光宣＋南 彩乃 （細山田デザイン事務所）
作品撮影	枦木 功(nomadica)
プロセス撮影	安田如水(文化出版局)
スタイリング	轟木節子
モデル	山村紘未(friday)
ヘア＆メイク	成田祥子
トレース	gris
校閲	向井雅子
協力	金井 彩
編集	手塚小百合(gris) 三角紗綾子(文化出版局)

撮影協力

エリテ KMDファーム　tel 03-5458-1791
(cover、p.19、22ブラウス／p.26ワンピース)

コンジェ ペイエ アデュー トリステス
tel 03-6861-7658
(p.9シャツ)

スズキ タカユキ　tel 03-6821-6701
(p.6、7ワンピース／p.28ワンピース)

ロワズィール　tel 03-6861-7658
(p.4、15エプロンワンピース／p.24、25ワンピース)

着飾る
刺繍
ジュエリー

2024年7月6日　第1刷発行

著 者	SWIMAYA　片岡彩
発行者	清木孝悦
発行所	学校法人文化学園 文化出版局 〒151-8524 東京都渋谷区代々木3 -22-1 TEL . 03-3299-2487（編集） TEL . 03-3299-2540（営業）
印刷・製本所	株式会社文化カラー印刷

文化出版局のホームページ　https://books.bunka.ac.jp/